HENRI III PÉNITENT

ÉTUDE SUR LES RAPPORTS DE CE PRINCE AVEC DIVERSES

CONFRÉRIES ET COMMUNAUTÉS PARISIENNES

PAR

EDOUARD FREMY

Premier Secrétaire d'Ambassade

Membre du Comité d'Histoire et d'Archéologie du Diocèse de Paris

PARIS

FECHOZ, LIBRAIRE-ÉDITEUR

5, Rue des Saints-Pères, 5.

HENRI III PÉNITENT

Paris.— Imprimerie G. TÉQUI, 92, rue de Vaugirard, 92.

HENRI III PÉNITENT

ÉTUDE SUR LES RAPPORTS DE CE PRINCE AVEC DIVERSES

CONFRÉRIES ET COMMUNAUTÉS PARISIENNES

PAR

ÉDOUARD FREMY

Premier Secrétaire d'Ambassade

Membre du Comité d'Histoire et d'Archéologie du Diocèse de Paris

PARIS

FÉCHOZ LIBRAIRE-EDITEUR

5, RUE DES SAINTS-PÈRES. 5.

—

1885

HENRI III PÉNITENT

ÉTUDE SUR LES RAPPORTS DE CE PRINCE AVEC DIVERSES CONFRÉRIES
ET COMMUNAUTÉS PARISIENNES

> *« Il y eust un Roy, en la Judée, et ne*
> *scay si ce fust Roboam ou autre, qui,*
> *par mauvais conseil, fust perdu : Dieu*
> *en garde le Roy de France! »*
>
> (Henri III)

Nous nous sommes donné pour tâche, dans ce travail, de rechercher, parmi les actes d'un des souverains les plus justement décriés de notre histoire, des traces de remords et de repentir. Assez de pamphlétaires et d'historiens se sont appesantis sur les côtés vicieux ou frivoles du caractère de Henri III, s'attachant, avec une complaisance souvent excessive, à décrire les prodigalités et les orgies du dernier Valois : qu'il nous soit permis d'envisager ici ce prince sous un point de vue différent. Il nous a paru nouveau et peut-être utile, de réunir des documents de nature à prouver que le roi qui se laissa entraîner à tant d'excès et de faiblesses, n'a pas suivi sans angoisses la pente fatale qui le menait aux abîmes ; que le sentiment de sa terrible responsabilité ne lui a point échappé, qu'il s'est enfin efforcé de désarmer la justice divine par des manifestations sincères et répétées de pénitence et d'expiation.

A quelle époque saisit-on, chez Henri III, des indices certains pouvant servir d'éléments à l'enquête que nous nous proposons de dresser ? Dès la fin de l'année 1572, ce prince, alors roi de Pologne, venait de faire son entrée à Cracovie et de s'installer au palais de l'Infante, résidence des souverains du pays, lorsqu'une nuit il se sentit tout à coup assiégé et poursuivi de remords causés par le détestable rôle qu'il avait joué dans le drame de la Saint-Barthélemy. Réveillé en sursaut, en proie à une insomnie causée par d'effrayantes et lugubres visions, « agité de plusieurs sollicitudes et rêveries qui ne lui permet-

toient·de reposer une seule minute de temps, environ sur les trois
heures après minuict, il envoya quérir par un valet de chambre
son médecin ordinaire » le fidèle Miron, auquel il ordonna d'écrire
sous sa dictée la curieuse relation du 24 août, qu'on a souvent
discutée sans pouvoir en détruire l'authenticité (1). Cet acte
d'Henri de Valois constitue la première pièce du dossier que
nous avons entrepris de former : il montre à quel point la voix

(1) *Discours du roi Henri III* à *un personnage d'honneur et de qualité
étant près de Sa Magesté à Cracovie, des causes et motifs de la Saint-
Barthélemy.* (Mémoires de Villeroy, édition de 1725. t. II, p. 361). V. Soldan
Frankreich und die Bartholomœusnacht, La France et la St-Barthélemy
traduit par Schmidt en 1855. « L'authenticité du récit de Miron, dit-il, n'a
jamais été sérieusement contestée... Alberi est presque le seul qui ne l'ad-
mette pas, mais ses objections sont si faibles qu'elles n'ont pas besoin d'être
réfutées (p. 6) » M. Ranke, qui, en 1835, admettait ce récit comme authentique (*Hist. Polit. Zeitschrift*, t. II p, 594) croit aujourd'hui (*Hist. de
France* t. I, p. 314 *note*,) qu'il est apocryphe et dérivé d'une autre source ; il
ajoute qu'il a beaucoup de raisons pour soutenir cette opinion, mais comme,
au lieu de donner ces raisons, il se borne à les promettre pour une autre fois,
il est permis de croire à l'authenticité de la pièce... » « Le récit de Miron,
ajoute Soldan (p. 69) est confirmé et complété par ce que nous enseigne-
ront la suite des évènements et les conséquences immédiates du massacre.....
D'une authenticité et d'une crédibilité incontestables, il est le document le plus
sincère et le plus complet sur les causes secrètes de la St-Barthélemy ; il ré-
vèle avec une précision parfaite la première pensée et le progrès du crime,
l'époque et l'étendue des résolutions des coupables, la part de culpabilité qui
revient à chacun d'eux. Tout s'accorde avec l'état général des choses comme
avec le caractère particulier de chacun des complices. » M. Henri Martin
écrit à son tour : « Nous devons beaucoup à l'excellent travail de M. Soldan,
*le plus complet et le plus décisif qui existe sur les précédents de la Saint·
Barthélemy, comme M. Michelet l'a déjà reconnu.* » (*Hist. de France*, t. IX,
p. 305). Dans un écrit intitulé : *la St-Barthélemy et la critique moderne,*
(Genève 1879) et publié en vue de prouver la préméditation de la St-Barthélemy
« *ce roman,* dit Henri Martin, *inventé par le fanatisme dépravé ou le machia-
nélisme cynique des panégyristes de Catherine et accepté par le ressenti-
ment des huguenots,* » M. Bordier s'attache à détruire l'authenticité du récit
d'Henri de Valois qui rend cette thèse impossible à soutenir. Tout en recon-
naissant avec lui que le style du *Discours à un personnage d'honneur et de
qualité* trahit assurément un remaniement postérieur à la date du document
dont la Bibliothèque Nationale ne possède que des copies, nous ne saurions
admettre ses conclusions. M. Bordier avoue d'ailleurs lui-même que « *presque tous les historiens modernes l'invoquent et le commentent comme très-
grave* » (p. 52) que « *tous nos critiques modernes l'ont pris pour base de
leurs raisonnements sur la St-Barthélemy* » (p. 6). Nous nous rangeons
à leur suite avec Henri Martin, Michelet et M. le vicomte de Meaux. « L'authenticité de ce document, écrit en effet l'éminent historien des *guerres civiles
en France au XVIe siècle,* vient d'être contestée par M. Bordier, mais elle
avait été établie il y a près de 20 ans par Soldan et elle reste tout au moins
très-probable. Ce qui autorise, d'ailleurs, le récit de Miron, c'est qu'il est con-
forme, dans ses parties essentielles, aux autres récits, aux autres témoignages
les plus sûrs, les plus irrécusables. » (*Variétés* du Journal *le Français* du 9
septembre 1880.)

de la conscience troublée se faisait déjà entendre chez ce prince.

Devenu roi de France, Henri III passa le commencement de son règne dans des fêtes continuelles, perdant ainsi un temps précieux qu'il aurait dû employer à rechercher les moyens d'assurer la pacification du royaume. La reprise de la guerre civile, la désastreuse paix dite *de Monsieur* et les premiers symptômes de la Ligue en 1576, inspiraient aux bons esprits les plus vives préoccupations pour l'avenir ; le roi éprouva alors lui-même un sentiment de douloureuse inquiétude qui ne fit désormais que s'accroître. Après avoir été contraint de faire face à de nouveaux troubles, lorsque, malgré le traité de Bergerac, qu'il avait considéré comme un gage sérieux d'apaisement, Henri III vit, en février 1578, son propre frère le duc d'Anjou s'échapper du Louvre pour se joindre à ses ennemis, son découragement ne connut plus de bornes. Il fut pris de désespoir, sentant peser sur lui la malédiction d'en haut. Arnauld Du Ferrier, représentait alors ce prince à Venise. Frappé comme lui de l'état déplorable des affaires de France, l'ambassadeur avait cru devoir déclarer à Henri III que, pour conjurer les menaces de l'avenir, il lui semblait indispensable de mettre un frein aux désordres et au scepticisme qui avaient jeté au sein du royaume de si effrayantes racines. Le roi lui répondit : « J'ay pris en très-bonne part la sage et vertueuse requeste que vous m'avez faicte par la fin de vostre lettre, sachant qu'elle procède du zèle très-ardent que vous portez à l'honneur de Dieu, qui est le vray fondement de toutes les bonnes œuvres et au bien de mon service, *vous priant croire que je n'ay rien plus recommandé que de satisfaire, en cela, au devoir auquel je suis obligé, connoissant que c'est le seul moyen par lequel je doibs espérer tirer mes sujets des misères et calamités qui les affligent, lesquels je confesse procéder de mes vices et péchés. Et, quand il plairoit à sa divine bonté que, seul, j'en portasse la pénitence, pour le salut et rédemption de tant de pauvre et désolé peuple qu'il a soumis sous ma puissance, lequel succombe sous le faix, je m'estimerois très-heureux* (1). »

Vers la fin du mois de février 1580, le grand cardinal Borromée, archevêque de Milan, que l'Église a canonisé sous le nom de saint Charles, s'arrêta quelques journées à Venise au retour d'un voyage à Rome. Arnauld Du Ferrier avait autrefois connu le

---

(1) V. *Un Ambassadeur libéral sous Charles IX et Henri III*, par E. Fremy, ouvrage couronné par l'Académie française. Paris in-8o E. Leroux.

pieux prélat dans la ville éternelle sous le pontificat de Pie IV, et savait apprécier à leur juste valeur un mérite exceptionnel joint à de si éclatantes vertus. L'ambassadeur s'empressa donc de se rendre au palais où le cardinal était descendu, afin de lui faire sa cour et de lui présenter l'expression de son respect. Six ans auparavant, lors du passage de Henri III par la péninsule italique, Charles Borromée s'était rencontré avec ce prince (1) ; il avait conservé pour lui et pour la France le plus sympathique intérêt. La situation du royaume devint naturellement, entre le prélat et le diplomate, l'objet d'un long et grave entretien. Le saint archevêque se montra profondément affligé des souffrances de notre pays, soumis à de perpétuelles guerres civiles et menacé d'invasions étrangères ; il attribuait la cause de ces calamités à l'état de perturbation morale dans lequel se trouvait alors la France. Son âme évangélique se refusait à croire que les scandales dont le royaume était le théâtre pussent être longtemps tolérés par une nation chrétienne sans appeler sur elle les plus terribles châtiments. La nécessité d'une expiation s'imposait. On devait, avant toutes choses, « *songer à appaiser l'ire de Dieu* : » il appartenait au roi et aux grands de donner eux-mêmes l'exemple de la pénitence.

« Le Cardinal Boromeo, écrit Du Ferrier à Henri III le 19 février 1580, retournant de Rome à Milan, a passé par cette ville. Et, combien que ce fust en temps de caresme-prenant, néantmoins sa bonne et saincte vie a servy d'exemple aux ecclésiastiques d'icelle. Et, d'autant que je l'avois connu à Rome du temps du feu Pape son oncle, auquel le feu Roy vostre frère, que Dieu absolve, m'avoit envoyé, je l'allay visiter. Et, après plusieurs propos, mesmes du bon visage qu'il receut de vous retournant en vostre royaume et des oraisons et prières qu'il fait ordinairement pour Vostre Majesté, bien et repos de vostre royaume, il entra bien avant aux malheurs que les guerres et divisions y ont apportés *et me pria de faire entendre à Vostre Majesté que, pour y mettre quelque bonne fin, estoit nécessaire d'appaiser l'ire de Dieu procédante des péchés des hommes*. » Ce prélat ajoute, rapportait Du Ferrier, « que, de sa part, l'affection qu'il a particulièrement à vostre personne et le désir de voir vostre royaume en prospérité, le fait estre singulièrement soigneux d'iceluy : espérant, néantmoins, que les oraisons continuelles qu'il faict à Dieu

____

(1) V. *Histoire de saint Charles Borromée*, par M. l'abbé Sylvain.

pour vous et est délibéré de faire en toutes ses Messes, seront quelque jour acceptées de luy, que la fréquentation du Sainct Sacrement et des prières qu'il convient faire pour le recevoir dignement, est le seul moyen de remettre bientôt vostre dict royaume en sa première splendeur et obéissance, disant qu'à vostre exemple, ceux de vostre cour et principaux de vostre royaume tascheront de faire le semblable et qu'en ce faisant, cesseront beaucoup des désordres et fautes d'où procède cette désobéissance (1). »

Dans sa correspondance avec Du Ferrier, le roi ne fit d'abord aucune allusion aux pieux avertissements du saint archevêque. Les conseils du cardinal ne laissèrent point, toutefois, de produire sur son esprit une impression aussi profonde que salutaire : la reprise continuelle des troubles en raviva bientôt le souvenir. « Nostre-Seigneur, écrit-il, en 1582, à son représentant à Venise, veut estendre son ire sur nous et nous admonester, par ce chastiment, de changer de voyes et avoir recours à sa bonté par bonnes œuvres (2). »

Malgré ses excès, Henri III semble, dès lors, constamment obsédé par une pensée d'expiation. Les fondations, les œuvres pies se multiplient ; le prince entre dans une voie nouvelle qu'il appelle lui-même la voie salutaire, celle du repentir et de la pénitence. « Il ne bougeoit des prédications et des processions, dit Davila, conversoit parmi les Capucins et les Jésuites, faisoit bastir des monastères, des chappelles, *usoit de disciplines et de cilices, portoit publiquement le chapelet attaché à la ceinture, assistoit aux Confréries des Pénitens et aux Houres Canoniales des religieux de St-Jérosme* et tesmoignoit, par toutes ses actions, qu'il n'avoit pas moins de zèle pour la religion que d'ardeur de l'accroistre et la rendre florissante. »

Ces pieuses dispositions de Henri III étaient, d'ailleurs, soigneusement entretenues par l'homme éminent qu'il avait choisi pour directeur spirituel, le Père Edmond Auger, de la Compagnie de Jésus. Ce savant religieux, initié par saint Ignace de Loyola lui-même à l'observance de sa règle, était estimé de tous et pour ses talents et pour ses vertus. Il était considéré comme l'orateur le

---

(1) *Bibliothèque Nationale MSS.* 500 Colbert, Nº 368.

(2) *Ibidem.*

plus éloquent de son temps (1). Pierre Mathieu l'appelle « le Chry-
sostôme françois ; si la religion, dit-il, donnoit des statues aux
orateurs, il faudroit que la sienne fust avec une langue d'or (2). »
On attribuait au Père Auger la conversion de plus de quarante
mille huguenots. Henri III obtint de Sixte-Quint un Bref
qui l'autorisait à retenir auprès de lui ce religieux autant qu'il
le voudrait (3).

La fondation de l'Archicongrégation des Pénitents de l'Annonciation Notre-Dame, vint bientôt affirmer le besoin d'expiation
qui s'était emparé de l'esprit du roi. Pendant son séjour à Avignon
en 1574, ce prince avait assisté aux processions de la Confrérie des
Frères Pénitents appelés *Flagellants* ou *Battus*, en raison des ma-
cérations corporelles qu'ils s'infligeaient : il avait même voulu
s'affilier à leur congrégation et « *se faire*, dit L'Estoile, *Confrère
de leur Confrairie*. Il y en avoit de trois sortes audict Avignon,
ajoute-t-il ; de blancs qui estoient ceux du Roy, de noirs qui
estoient ceux de la Royne mère, et de bleus, qui estoient ceux du
cardinal d'Armagnac. » Au mois de mars 1583, Henri III fit
venir à Paris quelques-uns des Frères Pénitents Blancs et sollicita
pour eux des Pères Augustins du grand couvent, la concession
d'une des chapelles de l'église où ils purent célébrer librement
leurs offices.

« L'an présent 1583, en ce mois de mars, écrit L'Estoile, le Roy
institua et *érigea* une nouvelle Confrairie qu'il fist nommer *des
Penitents*, de laquelle luy et ses deux mignons se firent Confrères
et y fist entrer plusieurs seigneurs, gentilshommes et autres
de sa cour, y conviant les plus apparans de son Parlement de Paris, chambre des comptes et autres cours et juridictions avec un
bon nombre des plus notables bourgeois de la ville (4) : mais peu

(1) Les protestants eux-mêmes disaient de lui « que *s'il n'avoit pas été
catholique,* il n'aurait jamais existé un plus grand orateur. » (Ranke, *Histoire
de la Papauté.* (Tr. fr. t. III p. 78)

(2) *Histoire de France* de Mathieu 163 in-fol. t. II p. 609.

(3) « *Magnum gratiæ locum in principis ingenio tenebat* » (*Thuan. E.
LXXVIII § 2 T. IV p. 152.) Voir également Cf. Le Duchat, *Note sur la Confession
de Sancy*, p. 447 et suivantes.

(4) « Afin, dit le Père Auger, que chacun sache encore plus clairement le fond
des intentions et premiers desseins de ce dévotieux fondateur sur l'institution
de ceste congrégation, *je veux ici mettre la harangue et prostestation qu'il
dicta et meit par écrit lui-même et feit lire en la grande salle du Louvre,
tout hault, à tous les Princes, Prélats, Seigneurs et Gentilshommes qui, en
grand nombre, s'y trouvèrent pour s'enrosler et se signer au livre des*

se trouvèrent qui se voulussent assujettir à la règle, statuts et ordonnances de ladite Confrairie qu'il fist imprimer en un livre, le titrant *De la Congrégation des Pénitents de l'Annonciation de Nostre-Dame*, pour ce que le Roy disoit avoir toujours eu singulière dévotion envers la Vierge Marie mère de Dieu. De faict il en fit les premiers services et cérémonies, le jour de la feste de la dicte Annonciation, qui estoit le vendredy 25ᵉ mars de l'année présente 1583, auquel jour fut faicte la solennelle procession desdicts Confrères Pœnitens, qui vindrent, sur les quatre heures après-midy, du couvent des Augustins en la grande église Nostre-Dame, deux à deux, vestus de leur accoustrement, tels que les *Battus* de Rome, Avignon, Thoulouze et semblables, à scavoir de blanche toile de Hollande, de la forme et façon qu'ils sont dessaignez par le *Livre des Confrairies*. En ceste procession, le Roy marcha sans garde ni différence aucune des autres Confrères, soit d'habit, de place ou d'ordre. Le Cardinal de Guise portoit la croix ; le duc de Mayenne, son frère, estoit maistre des cérémonies et frère Edmond Auger, Jésuite.... avec un nommé Du Peirat, Lionnois.... conduisoient le demeurant. Les chantres du Roy et autres marchoient en rang, vestus de mesme habit, en trois distinctes compagnies chantant mélodieusement la Litanie en faux-bourdon. Arrivés en l'église Nostre-Dame, chantèrent tous à genoux le *Salve Regina*, en très-harmonieuse musique et ne les empescha la grosse pluie, qui dura tout le long de ce jour, de faire et achever, avec leurs sacs tout percés et mouillés, leurs mistères et cérémonies encommencées (1).»

Ces processions des Pénitents Blancs se répétèrent désormais

Status, afin que, par cy après, l'on ait occasion de prendre mieux le frein aux dents à bien faire et s'acquitter, pour l'amour du crucifix, des promesses faites auparavant que vestir l'habit et suivre la piste d'un tant zélé Prince qui descouvre son cœur par ses propos tout éloignez de vanité. Et joindray après et les lettres patentes qu'il en a ordonnées lui-même, publiées et enregistrées en la cour de Parlement et j'y feray suivre le contenu de la Bulle de Nostre Saint Père approuvante ceste Congrégation et l'enrichissante de singuliers priviléges et prérogatives, pour laisser un esguillon à la postérité de bien faire à la clarté et splendeur d'un tel exemple et une vive pointe au cœur des vivans d'embrasser ceste sainte Pénitence et presser Dieu avec prière saintement oportunes de regarder de son œil favorable et fécond de toute bénédiction ceste sacrée et très-chrétienne corone de France ! » (*La Métanéalogie*, par le Père Edmond Auger, 1584, in-4º.) Malheureusement les pièces justificatives annoncées par l'auteur ne nous sont pas parvenues ; le dernier chapitre indiqué par la table n'a jamais été imprimé.

(1) *Journal de Henri III*, édition Champollion, p. 159.

aux principales fêtes. L'Estoile signale d'abord celle du Jeudi Saint 7 avril 1583 : « Le Jeudi Sainct sept d'avril, sur les 9 heures du soir, dit-il, la procession des Pénitens, où le Roy estoit,... alla toute la nuit par les rues et dans les églises en grande magnificence de luminaire et musique excellente et y en eut quelques uns, ce disoit-on, qui se fouettèrent en ceste procession (1). »

Henri III se montrait fort assidu au service dit *de la Pénitence*, que les Confrères de l'Archicongrégation célébraient chaque semaine dans leur chapelle des Augustins. « Le mercredi 25 Mai, le Roy alla aux Augustins au service de la Pénitence *en la manière accoustumée*, et là, prist congé de ses Confrères Pénitens pour 15 jours ou 3 semaines et partit de Paris (2). »

Le mardy 6 décembre suivant, eurent lieu, au prieuré de Sainte-Catherine-du-Val-des-Escholiers, les obsèques du cardinal-chancelier de Birague, membre de la Confrérie. « Ce fust le premier de la roiale Confrairie des Pœnitens, dit L'Estoile, qui mourust, fust enterré et porté par eulx. De faict, ils assistèrent à son convoy et enterrement en leurs habits et en bon ordre. *Le Roy mesme y assista en son habit de Pœnitent, en grande dévotion...* Les princes de la maison de Bourbon et de Guise menoient le deuil, suivis des cours de Parlement, des aydes, de la Chambre des Comptes, dès Eleus et autres, des Prevost des Marchands, Echevins et Conseillers de ville et de l'Université de Paris... Messire Renaud de Beaune, Archevesque de Bourges, naguère Evesque de Mende et Chancelier de Monsieur frère du Roy, fist et prononça l'oraison funèbre, par le commandement de Sa Majesté, dont il s'acquitta au contentement d'icelle et de beaucoup de ceulx de l'assistance (3). »

---

(1) L'Estoile, protestant honteux, ne manque jamais de citer avec complaisance les *Pasquils* et les épigrammes dirigés contre le Roi et contre la religion catholique. Il rapporte qu' « un homme de qualité qui regardoit passer ladicte procession, fist, sur le sac mouillé du Roy, le suivant quatrin, lequel aiant été faict sur le champ, et rencontré fort à propos, fut incontinent semé et divulgué partout :

> Après avoir pillé la France
> Et tout son peuple despouillé,
> Est-ce pas belle pénitence
> De se couvrir d'un sac mouillé ?

(2) *Journal de Henri III*, p. 162.

(3) *Idem.* p. 167 et 168.

La procession que firent les Pénitents de Paris à Chaillot, le premier vendredi du carême de l'année 1584, eut encore lieu par une pluie torrentielle qui n'empêcha pas toutefois Henri III d'y prendre part. « Le premier vendredi de caresme, le Roy fist aller les Confrères Pénitens des Augustins aux Minimes de Nigeon, en procession, deux à deux, en leurs habits de Pénitents, chantant bien dévotement et quelquefois bien piteusement, pour le mauvais temps qu'il faisoit (1). »

Huit jours après, les Pénitents accompagnés des Minimes et des Capucins, se rendirent dans sept églises de Paris et des environs pour gagner les indulgences du Jubilé, conformément aux prescriptions de la Bulle du Saint-Père. « Le 2me jour de mars, second vendredy de caresme, les Pénitens, précédés des Minimes et Capussins, allèrent processionnellement aux sept églises ordonées par la Bulle du Pape obtenue à la prière de la Royne mère du Roy pour les stations et indulgences, dont les deux étoient les Minimes et Nostre-Dame de Boulogne, partirent des Augustins à huit heures du matin et y revinrent à six heures du soir. Le Roy y estoit en personne avec ses Confrères Pénitens, six desquels marchoient pieds nus devant la croix, en grande apparence de dévotion (2). »

Le vendredi 9 mars suivant, Henri III, suivi de 47 pénitents, entreprit un pèlerinage à pied à Chartres (3) puis à Cléry. « Le vendredy 9 mars, le Roy partist de Paris pour aller en voiage à Nostre-Dame de Chartres et à Nostre-Dame de Clerry ; lesquels voiages il fist *à pied*, accompagné de 47 frères pénitens des plus jeunes et dispos pour bien aller à pied : et, tout du long de leur voiage, portèrent toujours par les champs leurs habits de pénitens (4). »

Le roi rentra à Paris le lundi 22 mars et « *disna aux Chartreux, bien las de la longue traitte qu'il avoit faitte le mercredi précédent, estant venu à beau pied de Thoury disner à Estampes et coucher à Longjumeau (5).* » Néanmoins, sept jours après, le Jeudi-Saint 29 du

(1) *Journal de Henri III* p. 169.

(2) *Idem* p. 170.

(3) Il s'était déjà rendu à Chartres et à Cléry *à pied* avec la Reine au mois d'avril précédent. Partis le 11 ils revinrent le 24 « tous deux bien las et aians les plantes des pieds bien ampoulés d'avoir faict tant de chemin à pied. »

(4) *Journal de Henri III* p. 170.

(5) *Ibidem.*

même mois, dit encore L'Estoile, il « fit, sur le soir, *sa* procession des Pénitens, à la mode accoustuméc, visitant les églises de Paris toute la nuict (1). »

Le temps n'affaiblit point le zèle de Henri III. En effet nous le voyons encore en 1586 prendre une part active aux pieux cxerci-ces des Pénitents Blancs. « Le 25 mars, lendemain de la feste de l'Anonciation de Nostre-Dame, écrit L'Estoile, il partist des Char-treux, accompagné d'environ 60 de ses Confrères en habits de Pénitens, s'en alla à Nostre-Dame de Chartres, dont il revint à pied et en mcsmc habit, en deux jours, et arriva à Paris le der-niers mars, la nuit du Jeudi absolu (2), fit la procession accoustu-mée par les rues et églises de Paris, accompagné d'environ 200 desdicts Pénitens, et, depuis la veille jusqu'au mardi de Pasques, ne bougea des Capucins, à y faire prières et pénitences (3). »

La population parisienne, toujours prête à rire de toutes choses, avait fait un assez mauvais accueil à la nouvelle asso-ciation.

L'établissement des Pénitents rencontra de sévères censeurs jusque dans les membres du clergé : Poncet, curé de Saint-Pierre des Arcis et abbé de St-Père de Melun, qui prêchait le carême à Saint-Germain dcs Prés, prononça contre eux dans cette église un sermon des plus violents. Le roi le fit arrêter et « conduire en son coche par le chevalier du guet à son abbaye, sans luy faire autre mal que la peur qu'il eut qu'on ne le jetast à la rivière. » Cinq mois après, Henri III, pardonnant à Poncet, « le rappela de son abbaye de Melun et le remit en sa cure de Paris, luy cnjoi-gnant d'estre sage à l'avenir et de ne plus prescher séditieuse-ment, et dict le Roy ces paroles : « J'ay toujours recogneu en ce bon docteur ung zèle de Dieu mais non selon science, dont, tou-tefois je l'excuse bien, pour ce que l'artifice de ceux qui le met-tent en besogne (entendant ceux de la Ligue), passe la portée de l'esprit du bon homme, qui a du savoir assés, mais de juge-ment peu. »

Monseigneur de Cheffonteines, archcvêquc de Césarée, prit la

---

(1) *Ibidem* : « Une autre bande de Pénitens vestus de toile bleue calendrée en la forme des autres, en nombre de septante ou quatre-vingts, la plus part nuds pieds, fit aussi sa procession à part la mesme nuict en pareille cérémonie que les blancs et aveq fort bonne et harmonieuse musique. »

(2) Du Jeudi-Saint.

(3) *Journal de Henri* III, p. 202.

défense de l'Archicongrégation et publia une apologie (1) des Pénitents dont nous citerons le passage suivant :

« C'est chose digne d'admiration, Sire, écrit ce prélat, que toutes les fois que l'homme entreprend de nouveau quelque bonne œuvre et héroïque, il s'en trouve tant de contradictions et difficultés que l'on voit ordinairement advenir... C'est chose à esbahir qu'ès bonnes choses seulement la nouveauté leur deplaist et qu'ès mauvaises, ils l'embrassent à deux bras... Il ne se faut esbahir si vos François ont tant parlé et contredit à la nouveauté de la dévotion et exercice des œuvres de piété et pénitence que Vostre Majesté a institué ceste année en sa ville de Paris (2) car, quoy que j'estois alors bien loin de Paris, mes oreilles retentissoient du bruict des paroles et arguments que chacun opposoit à ceste bonne et vertueuse nouveauté et me trouvois quelquefois las à respondre. Bien est vray que ne m'estonnois pour cela, veu que six ans j'avois esté en semblable peine à deffendre la Confraternité des Pénitents qu'à la prière et requeste de plusieurs des principaux personnages de Lyon, je fonday en leur ville. Voyant, Sire, que en toute compagnie et aux villes et aux champs où me trouvois, l'on ne disputoit que de la Confrairie que Vostre Majesté a semblablement fondée et érigée en sadicte ville de Paris, m'a semblé bon de coucher par escrit les deffenses et responces que je faisois en soutenant la saincteté et utilité d'icelle... Je dédie ce petit traitté à Vostre Majesté, la priant de le prendre en sa protection royalle..... Ceste Confrairie a semblé à quelques-uns, pour sa nouveauté et cérémonies non accoutumées d'estre veues

----

(1) *Apologie de la Confrairie des Pénitents érigée et instituée en la ville de Paris par le Très-chrestien Roy de France et de Pollongne Henry troisième de son nom*, par C. de Cheffonteines, Archevesque de Césarée. A Paris chez Michel Julian au mont St-Hilaire, à l'Estoille couronnée, in-12 1583.

(2) L'Estoile dit qu'en la chappelle des *Battus*, aux Augustins, on écrivit sur la muraille avec du charbon :

> Les os des pauvres trépassés
> Qu'on te peint en croix Bourguignonne
> Montrent que tes heurs sont passés
> Et que tu perdras ta couronne.

Le même auteur rapporte encore que le Roi « fit fouetter au Louvre jusqu'à 120, que pages que laquais, qui, en la salle basse du Louvre (la salle dite actuellement *des Cariatides*), avoient contrefait la procession des Pénitents, ayant mis sur leur visage des mouchoirs avec des trous à l'endroit de leurs yeux. »

par deçà, ne devoir estre receue ny admise en ceste ville, asseyans leurs jugemens sur raisons peu valables pour la réprouver et détester et pour dissuader les autres d'ensuyvre cest exemple de dévotion que Sa Majesté a voulu donner à ses sujets. Sa Majesté, pour ce qu'elle a veu plusieurs pays et royaumes et observé prudemment les grandes dévotions et œuvres de piété qu'il a veu faire par telles Confrairies ès pays estranges, a voulu apporter en son royaume telle Confrairie et l'orner et décorer d'une si saincte et louable façon de faire dignes fruits de pénitence tant recommandés en l'Évangile par le précurseur de Nostre Seigneur et exemple de vraye pénitence, sainct Jean Baptiste... Le Roy se deffendra contre les mocqueurs de son humilité par l'exemple du Roy David et leur respondra qu'en despit d'eux il s'humiliera devant son Dieu et qu'il lui suffit que Dieu et les gens de bonne piété approuvent sa dévotion et la louent... Et faut prier Dieu pour nostre Roy, afin qu'il achève ce qu'il a commencé, non blasmer un si bon et si heureux commencement. Et croy que le peuple, s'estant converty à Dieu par vraye pénitence à l'exemple de son Roy, sera cause que Sa Majesté, sans aucun empeschement, guidé de Dieu, le soulagera et inclinera le cueur du Roy à le traitter à l'avenir si doucement qu'il aura cause de se contenter de luy. Et il advient quelquefois qu'à cause des péchéz du peuple impénitent et obstiné en ses péchéz, Dieu ne donne point la grâce aux Roys de les traitter comme ils voudroient. »

La situation du royaume s'aggravait cependant de jour en jour. La Ligue venait de publier le 31 mars 1585, un manifeste dans lequel, « au nom de Dieu, Tout-Puissant, Roy des Roys », le cardinal Charles de Bourbon, premier prince du sang, exposait les griefs des membres de la Sainte-Union, réclamait hautement des réformes et un changement complet de politique, appelait tous les Français à prendre les armes pour « faire cesser le péril qui, disait-il, menace la ruine du service de Dieu et de tant de gens de bien » et les adjurait de mourir plutôt que de les déposer sans avoir obtenu les garanties nécessaires.

A côté du manifeste, on faisait circuler une liste des chefs de la Ligue où figuraient les noms de la plupart des souverains catholiques de l'Europe et ceux des ducs de Lorraine et de Guise qui prenaient le titre dé lieutenants-généraux de la Sainte-Union. C'était la révolte ouverte et armée contre l'autorité royale. La menace fut suivie de près par l'exécution. Mercœur souleva la Bretagne, Elbœuf la Normandie, Aumale la Picardie ; Guise prit possession de Toul et de Verdun et, tandis que la Champagne devenait le quartier général de la Ligue, Lyon et les principales villes du Dauphiné se prononçaient ouvertement pour elle. Une terrible guerre civile se déchaînait de nouveau sur la France : le trône était plus menacé qu'il n'avait peut-être jamais été. « Le pis qui estoit en tout cela, écrit L'Estoile, c'estoit que le Roy estoit à pied et la Ligue à cheval et que *le sac de Pénitent qu'il portoit n'estoit à l'épreuve comme la cuirasse qu'ils portoient sur le dos* (1). »

Henri III, épouvanté d'un état de choses qui paraissait lui présager une perte certaine, conçut la pensée de chercher à apaiser la justice céleste en créant une nouvelle association de pénitence spécialement destinée à honorer le sublime et divin sacrifice du Calvaire. Il lui donna le nom de *Compagnie des Confrères de la Mort et Passion de Notre-Seigneur Jésus-Christ* et en rédigea lui-même les statuts.

La Compagnie de la Mort et Passion devait se composer de vingt et un Confrères « *et non plus* » ; nous verrons même qu'à l'époque où les statuts furent rédigés ce nombre n'était point encore atteint, car la liste qui les suit ne compte que dix-sept noms. Les Confrères « *ne pouvaient être choisis ou nommés que par Henri III.* » Toute destitution d'un Confrère devait être motivée par une raison légitime et approuvée du roi.

Les Confrères se réunissaient tous les vendredis soir entre 8 et 9 heures et demie dans la chapelle royale du Louvre lorsque le roi y résidait, pour célébrer un office, psalmodié sans chant alternativement par chacun d'eux en commençant à droite par le Supérieur, comme à l'Archicongrégation des Pénitents de l'Annonciation. Leur chapelle prenait le nom de *Chapelle de la Mort et Passion de Nostre-Seigneur Jésus-Christ* et l'office était celui de la Passion. Après l'office, l'un des Confrères faisait une exhortation « avec la prière accoutumée au commencement à la benoiste Vierge Marie. » On récitait ensuite un *Pater* avec *Sancta Maria* et un *Credo* à haute voix, le Supérieur entonnant le premier chacune de ces prières ; lorsqu'elles étaient terminées, le sacristain emportait tout le luminaire et le Supérieur prononçait ces mots : « *Apprehendite disciplinam.* » Alors, la Congrégation et le Supérieur tombant à genoux, psalmodiaient alternativement les

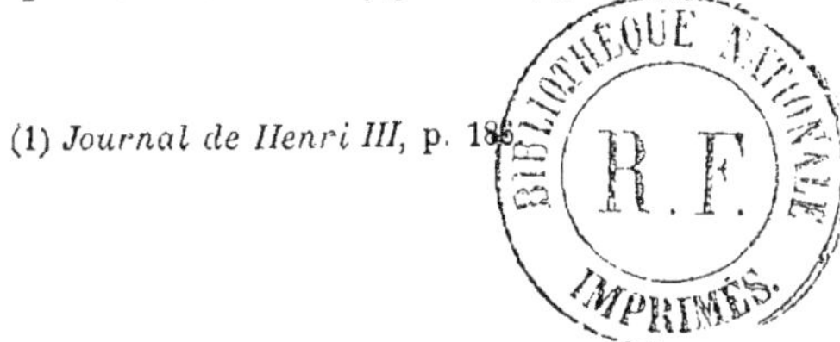

____

(1) *Journal de Henri III*, p. 185.

psaumes *Miserere mei Deus* et *De Profundis* : « *durant tous lesquels deux Psaumes*, écrit Henri III, *se pourra prendre la discipline par chacun des Confrères ; ce à quoi toute la Compaignie est exhortée de se disposer, pour matter la chair.* » Après les psaumes, on disait un *Pater* avec *Sancta Maria*, *Confiteor*, *Miseréatur*, *Indulgentiam*, *Salve Regina*, et alors « *et non plus tost* » le sacristain rapportait es cierges.

Parmi les associés, deux au moins devaient être prêtres « ayant chanté Messe. » Lorsqu'un de ces ecclésiastiques assistait au service, il faisait fonction de Supérieur. A défaut de prêtres, ce rang était dévolu au premier des confrères inscrits sur la liste, c'est-à-dire au roi.

« L'habit des Confrères estoit d'étamine noire, touchant quasi par terre, assez ample, ouvert par le hault, se fermant de quelques boutons et le reste tout cousu, les manches assez larges et un capuchon cousu audict habit de mesme estoffe, doublé de toille noire. « Pendant tout le service, chaque Confrère tenait son capuchon baissé « *bien bas* sur le visage, excepté lorsque Nostre-Seigneur se levoit. » En entrant ou en sortant dans la chapelle, on devait s'agenouiller, faire un signe de croix, baiser la terre, se lever, incliner la tête devant l'autel et devant le Supérieur. Aucune place privilégiée n'était réservée à personne sauf au Supérieur et aux choristes. Chaque vendredi, les Confrères décidaient s'il y avait lieu d'augmenter leurs austérités, mais on ne pouvait jamais les amoindrir, ou modifier en rien les prescriptions des statuts. Le sacristain rédigeait le procès-verbal des séances sur un registre spécial intitulé : *Livre de la Compaignie des Confrères de la Mort* et renfermé dans un coffre dont il avait seul la clef.

Chaque fois que l'un des Confrères avait enfreint un des articles des statuts, il payait une amende et était soumis à une pénitence. Il déposait « un teston dans la boitte de l'aumosne et estoit une demye heure à genoux devant l'autel, sur la terre, « *sans carreau.* » Au commencement du service, le Supérieur règlait les pénitences à subir durant ou après la cérémonie.

Les Confrères étaient tenus de prêter serment de fidélité aux statuts de la Compagnie et d'inscrire leur nom sur son registre. Un secret absolu leur était expressément commandé. « *Nul*, dit le roi, *ne révélera ceux qui seront de ceste Compaignie des Confrères de la Mort, si ce n'est aux Capucins ou Minimes.* » Voici le texte intégral des statuts, tel que l'a rédigé Henri III et suivi de

la liste des dix-sept premiers membres de l'association, en tête
de laquelle se lit le nom du Roi.

LIVRE DES STATUTS DE LA COMPAIGNIE DES
CONFRÈRES DE LA MORT

Au nom du Père, du Fils et du Saint-Esprit !

Aujourd'huy vendredy, dixiesme jour de mars mil cinq cens
quatre vingts et cinq, a été, par la grâce de Dieu et en son honneur et gloire et de la Mort et Passion de Nostre-Seigneur Jésus-
Christ, instituée la Compaignie appelée *des Confrères de la Mort*,
avec ses Statuts cy après inscrits, lesquels seront observés et
signés par ceux de ladicte Compaignie.

S'ENSUIVENT LES STATUTS :

*Il y aura vingt et un Confrères, et non plus, appelés les Confrères
de la Mort, lesquels ne pourront estre choisis et nommés que par le
Roy Henry troisiesme, durant sa vie,* et après icelle, selon que les
Confrères se résoudront entre eux.

Ne pourra aucun des Confrères estre osté de ladicte Compaignie, si ce n'est par légitime occasion aprouvée du Roy et après
sa mort, de la Compaignie des Confrères ou qu'il y en eust quelqu'un qui fut impotent ou si malaisé de sa personne qu'il ne
peust venir.

La chapelle où le service se fera s'appellera *de la Mort et Passion de Nostre-Seigneur Jésus-Christ*.

Le service qui se dira sera sans chanter à haute voix, toutesfois
fort possément, se disant ledict service alternativement ainse
qu'à l'Archicongrégation des Pénitens de Paris, commençant le
costé droict.

Sera commencé le service par celuy qui servira de Supérieur
lequel fera en tout ce qui sera dudict service, ainsi qu'à ladict

Archicongrégation. Les deux choristes auront le mesme office que ceux de la susdicte Archicongrégation, excepté qu'ils ne se tourneront point en commençant les psaumes, ny n'auront d'autre place affectée pour eux, ains seulement se mettront des deux costés de la chaire du Supérieur, dans les sièges qui y sont posés.

L'un des Confrères sera *Sacristin* et fera cest office là seul, perpétuel et, en l'absence d'icelluy, sera commis un autre des Confrères pour exercer ladicte charge, ayant besoing d'alumer et d'estaindre tout le luminaire de la chapelle et garder ce qui dépendra d'icelle, et le tenir en bon ordre.

L'un des Confrères sera *Aumosnier*, qui aura charge, de deux vendredis l'un, avant que le service commence, tenant une boitte à la main, de recevoir des Confrères l'aumosne, laquelle il sera tenu d'employer ainsi qu'il sera advisé par la Compaignie des Confrères laquelle sera pour lors en la chapelle, lequel aumosnier y mettra aussi son aumosne.

Des vingt et un Confrères, il y en aura toujours deux, pour le moins, qui seront prestres ayant chanté Messe et, lorsqu'il y aura un des Confrères en la chapelle qui soit prestre, servira de Supérieur ; sinon le premier des autres, ainsi qu'il sera advisé par la Compaignie qui sera pour lors audict lieu.

L'office, qui se dira tous les vendredis, qui ne se commencera plus tôt que huit heures du soir en la dicte chapelle, ny plus tard que neuf heures et demie, sera l'*office de la Passion puis les Létanies de la Passion.* Et lorsqu'il y aura un des Confrères qui soit d'Eglise capable de faire exhortation, en sera faicte une avec la prière accoustumée, au commencement, de la benoiste Vierge Marie. Après, toutes fois, ladicte exhortation, que le susdict service sera achevé puis tout ce que dessus finy, ayant esté tiré tout le luminaire et dict, cependant que l'on l'estaindra, un *Pater* avec *Sancta* et le *Credo*, le tout commencé par le Supérieur tout hault, et continué par icelluy et par les Confrères, ayant le Supérieur, après ce que dessus, dict : *Aprehendite disciplinam*, se commencera le pseaume *Miserere mei, Deus*, qui se dira tout au long alternativement par le Supérieur et par le reste des Confrères, puis le *De Profundis* de mesme, *durant tous lesquels deux psaumes se pourra prendre la discipline par chacun des Confrères ; à quoy toute ladicte Compaignie est exhortée de se disposer pour matter la chair ;* et lesquels psaumes achevés, le Sacristin ayant laissé dire un *Pater* avec *Sancta Maria, Confiteor, Misereatur, Indulgentiam,* et un *Salve Regina,* raportera le luminaire en la chapelle *et non plus tost* : et lors, après, chacun s'en pourra aller. A tout le susdict service, au lieu de *Gloria Patri* se dira : *Miserere nostri, Domine, Domine miserere nostri !*

Chacun des Confrères se trouvera tous les vendredis, lorsqu'il sera à Paris durant la vye du susdict Roy et qu'icelluy sera logé au Louvre, à neuf heures du soir en la chapelle susdicte pour officier et assister tout du long au service, qui se commencera pour le plus tard à neuf heures et demie du soir excepté le grand vendredi (1) qui ne se fera point de service, si toute la Compaignie n'en est d'accord, et le susdict Roy, si ledict Seigneur est à Paris.

Les autres jours que les susdicts vendredis, si ledict Roy est à Paris et qu'il y ait d'autres Confrères, se pourra, à l'heure qui sera advisée par ledict Seigneur, dire le service et tel qui sera résolu lors.

Si le susdict Roy ou que la Compaignie qui sera pour lors à la chapelle veult que le service, à l'heure susdite des vendredis, soit augmenté, s'y pourra adjouster les sept pseaumes pénitentiaux et les Létanies qui les suivent, où celles de Nostre-Dame et ce, toutes fois, avant que le Supérieur aye commencé le *Pater* ny que le Sacristin aye commencé à tirer le luminaire.

Toutes les offices qui ne seront que celles susdictes, ne seront perpétuelles ainsi changeront si l'on veult excepté celle de Sacristin. *Toutes les fois que la discipline se prendra en ladicte chapelle, ce sera à genoux et tout le luminaire osté de ladicte chapelle ;* quand il si dira des Létanies, se commenceront à genoux devant l'autel par les deux choristes, lesquels leur seront respondues alternativement par tous les Confrères.

Y aura, de plus, un *Pénitencier,* qui sera desdicts Confrères, lequel ordonnera les pénitences selon les statuts, et aura charge de les faire effectuer durant le service ; et sera tousjours, s'il est possible, un prestre ayant chanté Messe, et, s'il n'y en a qu'un pour lors en la chapelle, se (*sic*) sera icelluy, encores, qu'il soit Supérieur ; *et aura ledict Pénitencier charge, s'il sçait asseurément quelque péché commis par quelqu'un des Confrères, sans particulariser la personne, d'en faire une remonstrance et répréhension bien forte, tout hault, devant tous.* Et ledict estat de Pénitentier, lorsqu'il y aura personnage pour faire exhortation, luy sera tousjours donné.

(1) Le Vendredi Saint.

L'habit des Confrères, sans lequel nul d'iceux ne pourra entrer ny demeurer en la chapelle durant tous les services qui se feront excepté ceux qui y diront la Messe, *sera d'estamine noire, touchant quasi en terre, assez ample, ouvert par le hault, se fermant de quelques boutons et le reste tout cousu , les manches assez larges et un capuchon cousu audict habit, de mesme estoffe, doublé de toille noire, lequel sera un peu pointu par le hault ; et ne se ceindra ledict habit si l'on ne veult.*

Toutes les fois qu'il se dira ou fera service en la chapelle, chacun des Confrères aura la teste couverte de son capuchon *et se mettra bien bas sur le visage,* excepté lorsque Nostre Seigneur se levera, auquel cas il se pourra descouvrir et jusques à la communion , comme aussy durant la confession et lorsque l'on communiera.

Toutes les premières fois que chaque Confrère entrera en la chapelle aux heures qu'y s'y fera quelque service divin, se mettra à genoux faisant un signe de croix et baisant la terre, puis se levera et inclinera sa teste à l'autel et au Supérieur, s'il y en a, et fera le semblable à la fin de chacun service ou s'il sortoit pour n'y rentrer plus durant ce service là ; et toutes les autres fois que chacun d'iceux entrera ou sortira de la chapelle durant le service, inclinera sa teste à l'autel et au Supérieur, s'il y est lors.

Chaque vendredi sera advisé par la Compagnie des Confrères, qui sera pour lors assemblée, s'il y a rien qui mérite estre résolu, seulement pour l'augmentation des dévotions et austéritez de ladicte Compagnie ou pour la décoration de la chapelle et de ce qui touche le service divin, pour ce regard seul, et en sera pris résolution au lieu près de la chapelle, estans les dicts Confrères assis, et sera, par le Roy ou celluy qui sera Supérieur, proposé lesdictes affaires dont il sera question, et résolu à la pluralité des voix ; dont sera tenu registre par le sacristin dans un livre ordonné pour cest effect. Bien se pourra-il, par la pluralité des voix, augmenter les dévotions et austéritez de la dicte Compagnie, mais non pas diminuer aucune chose de ce qui est dans sesdicts statuts ; et il y aura un coffre dont ledict Sacristin aura la clef, dans lequel il tiendra le susdict livre et autres papiers nécessaires, ou celluy qui le sera en son absence, et se résoudra ce que dessus avant ou après le service.

Nul ne commettra aucune insolence en la chapelle, ains se contiendra en toute modestie révérence et dévotion, disant le service ordonné, sans parler aucunement l'un à l'autre, si ce n'est pour chose nécessaire, mais seulement sera attentif au susdict service.

Chacun à son tour, selon qu'il sera advisé et que lui sera dict tout hault devant que le service se commence le vendredy par le Supérieur, lorsque chacun aura pris place en la chapelle, sera tenu d'assister à une basse Messe qui se dira le samedy au matin à huictaine, et y faire ses Pasques, laquelle sera ditte par un des Confrères, prestre, Capucin ou Minime.

Nul ne révélera ceux qui seront de ceste Compaignie des Confrères de la Mort, si ce n'est aux Capucins ou Minimes qui y pourront venir, lesquels, encores qu'ils ne soient pas compris au nombre des Confrères, ne lerront de ce (*sic*) mettre en rang en la chapelle avec iceux et ayder à faire le service quand ils y seront.

Il n'y aura aucune place affectée que celle qui sera pour celuy qui tiendra le lieu de Supérieur et pour les choristes, ainsi qu'il est dict cy dedans, et *ne sera faict aucun honneur en la chapelle durant le service qu'à l'autel et au Supérieur.*

Celuy des Confrères qui faudra d'observer les articles de ses (*sic*) statuts à quoy il sera obligé et qu'il aura signez, payera, pour chaque fois qu'il faudra, à chaque article un teston, qu'il mettra dans la boitte de l'aumosne et sera une demye heure à genoux devant l'autel, sur la terre, *sans carreau*, de quoy chacun qui servira de Supérieur sera tenu, au commencement de chaque service de vendredy, de faire effectuer les pénitences par celuy qui les aura obmises, et ce, durant le service ou après, selon que, par le Supérieur, il sera advisé. Ce qui est promis et juré par les Confrères et signé de leur main.

« Nous promettons, sur notre honneur, d'observer, de point en point, ainsi qu'il est ordonné dans ces status (*sic*), tout le contenu d'iceux, en signe de quoy nous les avons signez de nos mains *et jurons aussi de ne révéler ceux qui en sont*, selon qu'il est aussi porté cy dedans ses (*sic*) susdicts status. Le vandredi disiesme jour de may,

Henry. C. cardinal de Vendosme. Henry de Batarnay. Dupeyrat. Maleyssie. Hourguin. Justinian Panse. François, cardinal de Joyeuse. A. de Chalabre. François de Chabannes. Carbon de Carjac. Sensebre. Marcel. Hordeaux. Fr. Ant. Scipion de Joyeuse. O. de Montgiron. Amonet (1).

(1) *Bibliothèque Nationale*, MSS. F. Fr. N° 3963 *in-folio parvo* couverture de vélin.

Combien de temps fonctionna la Compagnie des Confrères de la Mort ? Quels furent ses actes ? Quels autres membres vinrent se joindre à ceux de la première liste ou remplacer les vides qui se produisirent parmi eux ?

Il nous est malheureusement impossible de répondre à ces questions. Le secret du serment que les statuts exigeaient des Confrères a été bien gardé par eux ; on ne rencontre, en effet, dans les auteurs contemporains, aucune allusion à cette mystérieuse fondation de Henri III. Il y a lieu de penser que la Compagnie ne fut dissoute qu'à la mort du roi.

Les Confréries de Pénitents dont Henri III était fondateur, ne lui faisaient point négliger les communautés des ordres réguliers parisiens. Ce prince leur prodiguait sans cesse les encouragements et les marques de sympathie. Parmi les maisons conventuelles que le roi favorisait le plus souvent de sa visite, on doit citer surtout les Minimes, dit *Bons-Hommes* de Nigeon ou de Chaillot (1), les Chartreux de la rue d'Enfer, les Cordeliers (2), les Capucins, amenés d'Italie par le cardinal de Lorraine et que Catherine de Médicis venait de transférer de Meudon à Picpus et de là au faubourg St-Honoré.

En 1583 le Roi avait établi au bois de Boulogne un couvent de Pères de Saint-Jérôme, dit *Hiéronymites*, qu'il avait connus en Pologne. « En ce moys (d'août 1583), écrit Pierre de L'Estoile, le Roy, au retour des bains de Borbonensis (Bourbonne), fit bastir dans le bois de Boulogne, une chappelle pour oratoire à certains nou-

(1) « Le 21 Janvier 1583, dit L'Estoile, le Roy, après avoir fait ses Pasques et dévotions bien dévotement au couvent des Bons-Hommes de Nigeon, auxquels ils donna cent escus, s'en revint au Louvre où arrivé il fist tuer à coups d'arquebuze les lions, ours, taureaux et autres semblables bestes qu'il souloit nourrir pour combattre contre les dogues, et ce à l'occasion d'un songe qui luy estoit advenu, par lequel luy sembla que les lions, ours et dogues le mangeoient et dévoroient, songe qui sembloit présager ce que depuis on a veu advenir lorsque ces bestes furieuses de la Ligue, se ruant sur ce pauvre prince, l'ont déchiré et mangé avec son peuple.» (*Journal de Henri III* p. 156).

(2) « Le 1ᵉ Janvier 1582, Henri III, après le service de l'Ordre du St-Esprit célébré aux Augustins, remit à tous les chevaliers une gratification de mille écus pour estrennes, « dont chacun d'eux, dit L'Estoile, par l'exhortation du Roy, en donna cinquante au couvent des Cordeliers de Paris, pour aider à raccommoder leur église, bruslée deux années auparavant. » Il ne reste plus aujourd'hui de ce monastère que le réfectoire des religieux qui date du xvᵉ siècle ; on y a établi le musée Dupuytren. L'hôpital des cliniques avait été installé dans le cloître des Cordeliers, rebâti au xviiᵉ siècle ; ces constructions ont été récemment détruites.

veaux religieux qu'il nomma Hiéronymites, lesquels il vestit de drap de bure (1). » L'année suivante, au mois de janvier, Henri III transféra les *Hiéronymites* du bois de Boulogne au bois de Vincennes, dans l'ancien Prieuré des Pères de l'Ordre de Grandmont qui avait été momentanément occupé par des Minimes. « Le Roy, dit L'Estoile, fit aller ses Hiéronymites au bois de Vincennes s'installer au couvent qui souloit estre des Minimes dans l'enclos dudict bois (2). »

Henri III portait beaucoup d'affection à ces religieux. Il faisait d'assez fréquentes retraites dans leur monastère où il se rendait accompagné de quelques personnes de sa suite. Là, il vivait de la vie mortifiée des Pères, veillait et jeûnait, soignait les malades, écoutait des sermons, en faisait faire à ses amis, et prêchait parfois lui-même.

L'Estoile rapporte, en effet, que le 31 septembre 1585, jour de la fête de saint Jérôme, patron de la communauté, le roi adressa aux Pères une exhortation : quelques jours auparavant, et sur son ordre, le poëte Desportes avait fait une homélie. « Le dernier de ce mois (octobre 1585) le Roy s'en alla à Vincennes pour passer les festes de Toussaints, et faire ses pénitences et prières accoustumées avec ses Confrères Hiéronymites *auxquels, le dernier jour du mois de septembre précédent, feste de saint Hiérosme, il avoit luy-mesme faict, et de sa bouche, le presche ou exhortation* à sesdicts Confrères Hiéronymites en leur couvent du bois de Vincennes. Et, quelques jours auparavant, avait faict faire pareille exhortation auxdicts Confrères et audict lieu par Philippe Desportes, abbé de Tyron, de Josaphat et d'Aurillac, son bien aymé et favory poëte (3). »

Le roi et le poëte durent tous deux s'acquitter à merveille du rôle de prédicateur. Henri III, de l'aveu de tous ses contemporains, était, exceptionellement doué sous le rapport de l'éloquence; son esprit cultivé et son excellente mémoire lui fournissaient les plus heureux rapprochements. Desportes conservait dans ses discours

(1) *Journal de Henri III* T. 1, p. 165.

(2) Le chancelier de Chiverny était alors titulaire de ce Prieuré. On admirait dans sa chapelle le *Jugement dernier* de Jean Cousin. Ce tableau si précieux, car on n'en connaît guère que deux ou trois du maître, a été gravé par Pierre de Jode ; il fait actuellement partie des collections du musée du Louvre.

(3) *Idem.* p. 169:

les défauts et les qualités qui distinguaient son talent poétique. « Il écrivoit fort bien en prose, dit le cardinal Du Perron, et estoit fort poli, mais n'avoit pas la force ni la vigueur (1). » Malheureusement, leurs sermons sur la fête de saint Jérôme ne nous ont point été conservés (2).

Davila nous apprend que le roi fit installer au Palais du Louvre des Pères Hiéronymites et « qu'il assistait régulièrement à leurs heures canoniales. »

Nous allons placer sous les yeux du lecteur, un document inédit qui, bien que d'un ordre secondaire « n'est pas dépourvu d'intérêt. C'est un état du mobilier nécessaire à ces religieux, dressé par Henri III lui-même, du témoignage de Dupuy, qui dans une note insérée en marge de la copie contemporaine de ce titre, conservée à la Bibliothèque Nationale, déclare avoir vu l'original écrit de la propre main du roi.

CE QU'IL FAULT A CHASCUN :

HABITS TOUT D'UNE LONGEUR, SELON TOUTEFOIS LA PROPORTION
DES PERSONNES,

« *J'ay veu l'escript de la propre main du Roy Henri III pour les Hiéronymites.* » Note marginale de Dupuy).

Assavoir :

Deus robes serge de Florence, drap ou carisé (3) blanc.

Deus robes serge Milan ou Nismes blanc.

Deus robes estamine blanche.

Deus manteaux avec capuchon, chascun le tout de gris bure, l'un de drap, l'autre de serge.

Trois cintures de fils blanc avec boutonnières et bouton, et patenostres noires marquées de blanc, croix au hault et bas de chascune, blanches aussi.

Un estuis de cuir avec ciseaux, couteaux, poinson et lunettes, qui en voudra.

(1) *Perronniana*, p. 246 et 247.

(2) *Journal de Henri III*, p. 198.

(3) D'après Oudin, le *Carisé*, *Carisel* ou *Crésau* était « un drap ou sarge bien déliée qui se faisoit en Angleterre, ce qui revient au sens du passage suivant : « Tous vendans draps en détail les aulneront par le fest sur peine d'amende arbitraire fors les rouleaux et *carisis* d'Angleterre. (*Cout. Gén.* T. III. p. 6.).

Deus paires d'Heures, l'une petite, pendue à un cordon de fils blanc, et l'aultre plus grandette, avec couverture de serge blanche à passer à la sinture, (*sic*) l'une et l'autre selon la manière ordonnée.

Deus paires de mulles de cuir ou souliers.

Deus bonnets, l'un doublé plus et l'aultre moins, couverts d'estamine noire ou Burail de Bergame.

Un manchon couvert de serge gris bure qui en voudra avoir, ou blanc.

Deus bannerettes pour le réfectoir, à quatre doicts au dessus du pied.

Autres meubles :

Un verre avec estuit, une cuiglière d'argent, forchette et quadenas de mesme et un couteau.

Une lanterne ou bougiouoir (*sic*), chandelier d'argent avec une branche de fer, un bougiouoir d'argent à une bobesche, un chandelier d'argent.

Un lict en la première chambre ; une table, une chaire à dos, deus escabelles, deus tabourez, une chaire d'affaire de gris bure, un pot de chambre d'estain, un cruxifix d'yvoire et deus chandeliers de mesme.

Un coffre bahu, couvert de cuyr noir ; trois chères (*sic*) de cuir différentes couleur chacune.

Trois pères (*sic*) d'eures (Heures) grandes : l'une pour l'Eglise, l'autre pour l'Oratoire et l'autre pour leur priez-Dieu.

Un Psautier couvert de cuir rouge et or. Dous carreaux de cuir doré et vert et trois de cuir rouge, l'un pour l'Eglise, l'autre pour l'Oratoire et l'autre au priez-Dieu.

Deus pères de landiers, l'un à la chambre, l'aultre au cabinet et de plus aux Oratoires qui auront cheminées et à chascun leurs feux.

Trois coffres d'Allemagne, un couvert de cuir noir et les deus autres couverts de marqueterye dessus et dedans.

Un lict de Pale au cabinet, qui sera couvert de cuir ou drap vert ou autre couleur.

Des couvertures, tant aux chères que table, lict de Pale et escabeaux et tabourez, qui seront de toile.

Deus douzaines de serviettes.

Un grand chapeau noir, de feutre, qui sera rond ou plat.

Un bassin et un vase de vaisselle de Fayance.

Un crucifix de bois, avec les instrumens de la Passion, au dehors de la chambre et au-dedans.

Cinq tableaux pareils, l'un au dehors de la porte de la chambre, l'aultre au réfectoir, l'aultre au chapitre, l'aultre à l'Eglise et l'aultre à l'Oratoire de la nef.

Deus clefs pour le logis et deux clefs pour les armoires et une pour l'Oratoire de la chambre.

Un buffet.

Deus escrans de bois, l'un pour le grand cabinet et l'aultre pour la chambre et l'aultre pour l'Oratoire où il y aura cheminée, si quelqu'un en veult.

Une paillasse, matras, et un paire de linceul et une couverture pour le serviteur (1). »

La dernière fondation pieuse de Henri III fut celle du monastère des Feuillants (2). Dès 1583, ce prince avait fait venir à Paris Dom Jean de la Barrière, réformateur des Bernardins de l'abbaye de Feuillants, et avait exigé de lui l'engagement formel d'établir bientôt dans la capitale une maison de son ordre.

Ce projet ne put se réaliser qu'en 1587. Henri III fit alors construire au faubourg St-Honoré un monastère dans lequel un pavillon spécial était destiné à le loger lui et sa suite. Il nomma Dom Jean de la Barrière *Orateur du Roy*, charge de cour unique dans notre histoire et qui consistait à prier pour le souverain. Le couvent des Feuillants prit de là le titre d'*Oratoire royal de* Saint-Bernard. Henri invita l'abbé à détacher de sa communauté douze Pères qu'il installa au Louvre auprès des Hiéronymites: ils y restèrent jusqu'à la journée des Barricades. « Dès que le Roy avoit fini ses affaires, dit un chroniqueur du temps, il passoit dans cet appartement où il trouvoit tous ses plaisirs. S'il venait un ambassadeur ou quelque étranger de considération, il les y conduisoit en croyant leur faire voir la chose la plus glorieuse de son royaume. »

Il était dans la destinée du dernier des Valois de voir ses meilleures inspirations décriées à l'égal de ses plus mauvaises actions. L'incroyable légèreté avec laquelle Henri III, négligeant le soin des affaires d'État, passait des exercices de la plus austère dévotion aux divertissements les moins édifiants, fournissait un texte iné-

---

(1) *Bibliothèque Nationale*, MSS. F. Dupuy, N° 591.

(2) Le monastère des Feuillants de la rue St-Honoré a été, de notre part, l'objet d'un travail assez étendu qui va paraître très-prochainement.

puisable aux railleries et aux accusations d'implacables adversai-
res. Les pamphlets huguenots et ligueurs étaient chaque jour
remplis de nouvelles invectives, non seulement contre les excès et
les prodigalités du roi, mais contre sa foi et contre ses démonstra-
tions religieuses. On donnait à Henri III les titres satiriques de
« Marguillier de St-Germain-l'Auxerrois, de Gardien des Quatre
Mendiants et de Protecteur des *Blancs battus* (1). » Le duc de Guise,
sans respect pour lui-même, sans égard pour le monarque qui
avait comblé sa maison d'honneurs et de largesses, n'appelait
plus le roi que *le Moine*. Le cardinal Louis de Guise se vantait
de tracer bientôt lui-même avec son poignard la tonsure sur la
tête du prince, relégué au fond d'un cloître comme les rois fai-
néants. Leur sœur, la duchesse de Montpensier, jouant sur la
devise royale surmontant les trois couronnes : *Manet ultima cœ-
lo*, disoit en riant « qu'elle portait à sa ceinture les ciseaux qui
donneraient la troisième couronne à *Frère Henri de Valois* (2). »
Les prédicateurs à la solde des Guise s'écriaient aussi « qu'il falloit
aller prendre *Frère Henri de Valois* dans son Louvre. »

Le Père Auger s'efforçait de protester contre les calomnies ré-
pandües avec une audace et une perversité inouïes sur le malheureux souverain. Aveuglé sans doute par l'affection sincère que
le roi avait su lui inspirer, il déclarait hautement que le prince
dont, disait-il, il avait « *profondé, jaugé et manié le cœur*, » était
animé des sentiments de piété les plus sincères. Dans sa *Métanéalogie*, après avoir cité divers exemples de pénitence et de mortification des anciens rois de France, il ajoutait :

« ...Puisque, de cest ancien estoc, Sire, vous estes une très-
noble et très-religieuse tige, héritier de pareille et couronne et
sceptre... falloit-il pas que, tout ainsi que, au milieu de ses persé-
cutions sanglantes, vostre victorieux bouclier l'avoit couverte et

(1) *Journal de Henri III* p. 72.

(2) *Journal de Henri III*, p. 244.

On répandit également les vers satiriques suivants où se retrouve exprimée
la même pensée :

> *Qui dedit ante duas, unam abstulit, altera nutat,*
> *Tertia tonsoris est facienda manu.*

> Perjurii me pœna gravit manet ultima cœlo
> Nam Deus infidos despicit ac deprimit,
> Nil tibi cum cœlis, hic nulla corona tirannis :
> Te manet, infelix, ultima cœnobio.

rasseuree, aussi, par vous remise en paix telle que les rudes bigarreures des temps pouvoient permettre, elle fust repeuplée et remeublée de ses belles parures anciennes, qui sont la dévotion, la piété, la mortification, l'humilité, la pénitence, la communion, l'abstinence, la modestie, l'aumosne et une solide et entière réformation ? Pour à quoi mieux pouvoir atteindre, le Saint-Esprit, vostre Patron et guide, vous a faict commencer ce reiglement par vostre propre vie, conscience et contenance, de sorte qu'en vous ravalant vous-mesmes sous les loix d'une eschole de pénitence, y avez veu, à vostre exemple, voler des troupes qui, pour leur qualité, prenant bien le mord en bouche contre la chair et le monde, il sera bien aisé de faire jaillir les estincelles de ceste braize à travers le taillis des cœurs de la pluspart de vos sujets pour les enflammer du feu que le crucifix alluma en terre pour le voir ardre, car partout où, entre nous Français, les grans montent les premiers, les petits s'y eslancent après à corps perdu, autant par imitation que par raison... Par ces desseins de Vostre Majesté de s'escarter, après avoir longuement reveu et rangé les affaires de vostre Estat, ès lieux par vous choisis avec la compagnie d'une pareille amour du crucifix pour vous y r'allier avec Dieu, nettoier vostre âme, reprendre aleine, rehumer le doux air de dévotion, rafraischir vostre esprit par ces sainctes façons de vie solitaire et comme régulière, jouissant d'une bien occupée oisiveté, afin de rentrer, au partir de là, au maniement de ce grand roiaume et aux provisions et du public et des particuliers, selon qu'un bon père doit à ses propres enfans... vous dressez un gouvernement très-excellent où la contemplative Marie et l'active Marthe commandent à tour, et, avec le tems, vous ferez, assisté de la persévérante grâce d'en hault, paroistre au monde que et les princes peuvent chrestiennement philosopher, et tels philosophes après, doivent aussi commander... avec bonnes arres d'espoir et confiance par toute l'Europe et fortifiée de ses perpétuelles prières à Dieu de veoir bientost, Sire, parmi ces obscures et prodigieuses saisons, vostre roiaume jouir profondément de tout ce qu'il ne peut attendre, hélas, maintenant que de vostre main chrétiennement roiale (1). »

(1) *La Métanéalogie sur le sujet de l'Archicongrégation des Pénitens de l'Annonciation de Nostre-Dame et toutes telles autres dévotieuses assemblées en l'Eglise sainte*, 1584.

Epigraphe : « *Je me suis despouillé de ma robbe de paix et me suis testu du sac de supplication et invoqueray le Dieu éternel tant que je vivray. Bar uch 4 v. 20.*)

Auger ne craignait pas de se prononcer ouvertement contre la Ligue qui couvrait du manteau de la religion les convoitises de l'étranger. « La Ligue qui trouble l'Estat et qui le divise, écrivait-il dans sa *Brième réponse d'un Catholique françois à l'Apologie des Ligueurs*, ne laisse pas d'estre à condamner, quoiqu'elle se propose la deffense de la religion. C'est un beau titre, mais c'est tout. C'est un superbe portail à un bastiment de terre. Je t'en veux faire manier l'estofe et voir à l'œil les maçons. Ceux de Guise en ont jetté le fondement: tu serois marry de les priver de cest honneur. Mais je te demande s'il leur est licite de se liguer avec les ennemis de ce royaume sans l'adveu de leur Roy? Je m'asseure que tu ne seras point si impudent qu'impatient et que tu me confesseras qu'ils ont eu tort, principalement leur Roy estant catholique, *voire le plus religieux qui fust onc*. Voilà le premier fondement de la Ligue : c'est un crime de lèze-majesté plein de trahison, plein d'audace, plein de mespris. *A quel propos conspirer contre un Roy et Sainct et Catholique* pour empescher qu'un hérétique ne soit Roy ?... Unissez-vous donc, rangez-vous près du Roy : donnons luy la force et qu'il reprenne son auctorité : qu'il ordonne et que nous obéissions... Tu fais semblant, ajoutait le Père Auger en apostrophant la Ligue, de veiller pour l'Eglise pour pouvoir un jour dormir sur l'Estat: Dieu levera ce masque d'hypocrisie! Dieu confondra vos conseils ! Dieu dissipera vos desseins, et, quand il aura jetté son œil de pitié sur nous, il vous jettera dans le feu comme fléaux de son ire et desquels il nous chastie justemens pour nos péchéz ! (1) »

Cette attitude militante du Père Auger causa sa perte. Les Ligueurs employèrent contre lui l'arme de la calomnie qu'ils savaient manier avec tant de succès contre le roi. Ils attaquèrent son orthodoxie auprès du Père Général et obtinrent le rappel de ce fidèle et dévoué serviteur dont les conseils pouvaient encore éclairer le malheureux prince. Plein de soumission aux ordres de ses supérieurs, Auger pria Henri III de ne pas le retenir, écrivit en marge du Bref de Sixte-Quint une note dans laquelle il déclarait renoncer à la situation exceptionnelle qui lui avait été créée et partit pour Lyon (2). « Une seule épreuve, dit le Père Jou-

---

(1) *Brièfve réponse d'un Catholique françcis à l'Apologie ou défense des Ligueurs et pertubateurs du repos public, se lisant faussement Catholiques unis les uns avec les autres.* » (*Mémoires de la Ligue* T. 1. p. 375.)

(2) Au mois de novembre 1588, il osa, en résence du duc de Mayenne, faire

vency, manquait à la gloire du Père Auger : la tentation. Lorsque, dans tout le royaume, le bruit se répandit que Henri III s'écartait de la religion et du catholicisme, les principales villes de France se constituèrent ouvertement en Ligue pour le renverser, et renouvelèrent le pacte qu'elles avaient déjà conclu pour la défense de la foi. Edmond Auger, *qui avait éprouvé la piété du roi*, fit tous ses efforts pour écarter les Français de cette coalition. Il fut bientôt accusé, par les catholiques eux-mêmes, de pervertir, par ses conseils, le roi, le royaume et la religion. Les chefs de la Société résolurent de l'éloigner de la cour. Lorsqu'il fut informé de leurs intentions, Auger se déclara prêt à obéir immédiatement. Il obtint du roi la permission de partir, que personne autre que lui n'aurait pu solliciter et qu'on doutait même de lui voir emporter. En effet, Sixte-Quint avait donné à Henri III un Bref qui lui conférait le droit de retenir le Père Auger aussi longtemps qu'il le voudrait et qui ordonnait en même temps au Père Préfet de la Société de le laisser auprès du roi. La vertu d'Auger fut donc très-admirée lorsqu'il rendit au Père Maggio, Visiteur, ce parchemin que le prince lui avait donné en d'autres temps (1). »

Le mardi 21 juillet 1587, le roi paraît encore au milieu des Pénitents blancs à la grande procession ordonnée par le futur roi de la Ligue, le cardinal de Bourbon, abbé de Saint-Germain des Prés et à laquelle se joignirent, outre les religieux de Saint-Germain, les Capucins, les Augustins et les prêtres de Saint-Sulpice. « Les sept châsses de Saint-Germain étaient portées par des hommes nus en chemises assistés d'autres qui portaient flambeaux ardents en grande dévotion. A laquelle (procession) assista le Roy vestu en Pœnitent blanc, marchant en la trouppe des autres, et les cardinaux de Bourbon et de Vendosme en leurs habits rouges, suivis d'une grande multitude de peuple, de l'un et l'autre sexe (2). »

Ce fut la dernière cérémonie religieuse publique à laquelle Henri III prit part en habits de Pénitent. Le 28 mars 1588, le roi

l'Oraison funèbre de Mandelot, gouverneur de cette ville en le louant de n'avoir point signé la Ligue. Ses ennemis ayant réussi à lui faire interdire la chaire, le Père Auger résolut en 1591 de se rendre à Rome pour se justifier, mais, en passant à Côme, il fut atteint d'une maladie qui l'emporta.

(1) *Historiæ Soc. Jesu, pars quinta, auctore Josepho Juvencio, Societat. ejusdem Sacerdote. Romæ*, 1710, *Libri* xxiv *partis V, p.* 773.

(2) *Journal de Henri III*, p. 225.

se voyait contraint de fuir sa capitale devant les assauts d'une
multitude furieuse, après avoir, dans une courte entrevue avec
Dom Jean de la Barrière, abbé de Feuillants, recommandé le
royaume et sa personne aux prières du saint religieux,

L'affection portée par Henri III aux communautés monastiques
devait s'affirmer jusqu'à son dernier soupir. Ce prince continua,
même dans son exil, à s'entourer de moines de divers Ordres.
L'Estoile rapporte, en effet, qu'il fit préparer au château de
Blois où les Etats allaient s'ouvrir, des cellules destinées à loger
des Feuillants et des Capucins (1).

La constante sympathie du roi pour les Congrégations
religieuses ne fut même point étrangère à la catastrophe qui
termina ses jours. Lorsque, vers la fin de juillet 1589, Henri III
et Henri deNavarre vinrent, à la tête de leurs armées unies, établir
leur quartier général à St-Cloud dans la villa des Gondi, une
consigne sévère défendait d'introduire qui que ce fût auprès du
roi, sauf les membres du clergé séculier et régulier. Cette excep-
tion permit à Jacques Clément de parvenir jusqu'à Henri III et
d'accomplir le détestable attentat que les Ligueurs lui avaient
inspiré.

Les sentiments de repentir et de piété du roi ne se démentirent
pas. Un témoin oculaire de l'agonie du souverain, son neveu
naturel, Charles d'Angoulême, fils de Charles IX et de Marie
Touchet, nous a transmis à cet égard de curieux renseignements.
Dès que Henri III se sentit blessé, il demanda aussitôt son au-
mônier Etienne Bologne, et le pria de célébrer la messe dans sa
chambre. Au moment de l'élévation, et en présence de l'hostie
consacrée, le roi, d'une voix claire et forte, prononça cette
prière :

« Mon Dieu, mon Créateur et mon Rédempteur ! Comme, durant ma vie, j'ay tousjours creu que toutes mes bonnes fortunes
vesnoient de vos seules volontés, que la possession de mes royaumes ne m'estoit donnée que par l'ordre qu'il a pleu à vostre
puissance éternelle d'y establir, maintenant que je me vois dans
les dernières heures de mon estre, je demande à vostre miséri-
corde divine qu'il vous plaise avoir soin du salut de mon âme.
Et, comme vous estes le seul juge de nos pensées, le scrutateur
de nos cœurs, vous sçavez, mon Seigneur et mon Dieu, que rien

____

(1) *Journal de Henri III*, p. 259

ne m'est si cher que la manutention de la vraye religion Catholique, Apostolique et Romaine, de laquelle j'ay tousjours faict
profession ; ce qui me faict vous adresser encore cette parole et
prière, afin que, si je suis utile aux peuples desquels vous m'a-
vez commis la charge, en prolongeant mes jours, vous m'assis-
tiez de la grâce de vostre Saint-Esprit, pour ne me séparer jamais de ce que je vous dois. Sinon, disposez-en ainsi que vostre
divine bonté le trouvera plus à propos pour l'utilité générale de
tout ce royaume et le salut particulier de mon âme, protestant
que toutes mes volontés sont résignées, sans regret, aux ineffa-
bles décrets de votre éternité (1) ! »

Le duc d'Angoulême ajoute que tous ceux qui se trouvaient
dans la chambre du roi « ouïrent facilement cette prière, parce
que Sa Majesté la prononça avec des paroles si articulées que
l'on eust jugé qu'elle n'avoit aucune douleur. Cela ne laissa pas
de renouveller les larmes de tous les auditeurs, de quoy Sa Majesté s'aperceut car, s'estant appuyée sur moy : « Je suis marry,
dit-elle, d'avoir affligé mes serviteurs (2). »

Henri III accomplissait le vœu auquel il avait fait allusion dans
sa lettre à Du Ferrier dix années auparavant : « Quand il plairoit
à la divine bonté, avait-il dit, que seul je portasse la pénitence
pour le salut et rédemption de tant de pauvre et désolé peuple
qu'il a soumis sous ma puissance, lequel succombe sous le faix,
je m'estimerois très-heureux... connoissant, que c'est le seul
moyen de par lequel je dois espérer tirer mes sujets des misères
et calamités qui les affligent, *lesquels je confesse procéder de mes
vices et péchés.* »

Le lendemain de l'attentat, le 2 août 1589, qui fut le jour de sa
mort, Henri III eut encore assez de force pour dicter une lettre à
Dom Jean de la Barrière, afin de lui annoncer sa résolution de faire
construire un monastère devant contenir 200 religieux Feuillants,
dès qu'il serait rentré dans Paris.

Un procès-verbal authentique intitulé *Certificat de plusieurs
Seigneurs de qualité qui assistèrent le Roy depuis qu'il fust blessé
jusques à sa mort* et qui porte, entre autres signatures, celle
d'Etienne Bologne, le Chapelain de Henri III, nous fournit, sur

(1) *Mémoires du duc d'Angoulême*, édition Michaud et Poujoulat, 1e série,
T. XI, p. 65.

(2) *Ibidem*

les derniers moments du prince, des informations qui complètent
celles du duc d'Angoulème. « La messe finie, le Roy prist quelque
rafraischissement pour pouvoir reposer, et, tout le reste du jour,
il ne parla que de Dieu et combien il estimoit heureux ceux qui
mouroient en sa grâce et qu'il désiroit sur tout de s'y disposer
pour être plus assuré, encor qu'il n'y avoit que dix jours qu'il
avoit receü son Créateur, qui fut le jour de dimanche 20ᵐᵉ du mois
dernier, estant en son camp de Pontoise. Il est venu en nostre
connoissance, *comme son confesseur signa avec nous*, que, luy ayant
dict que le bruict estoit que Nostre Sainct Père le Pape avoit envoyé une monition contre Sa Majesté sur ce qui s'estoit passé à
Blois (1), toutefois qu'il ne sçavoit pas les clauses de laditte monition, mais qu'il ne pouvoit, sans manquer à son devoir, faillir
de l'exhorter de satisfaire à ce que Sa Saincteté demandoit de luy,
et que, autrement, il ne luy pouvoit doner l'absolution des fauttes
qu'il venoit de luy confesser. A quoy il auroit respondu « qu'il
estoit Premier Fils de l'Eglise Catholique, Apostolique et Romaine
et qu'il vouloit vivre et mourir tel, et qu'il contenteroit Sa Saincteté en ce qu'elle désiroit de luy. » « Quoy oyant le confesseur, il
luy en donna l'absolution, suivant le pouvoir qu'il en avoit.
Sur le soir, Sa Majesté commença à sentir quelques douleurs
et tranchées, pour avoir esté blessée au petit ventre ; lesquelles
douleurs s'accrurent sus les onze heures et, se sentant foible,
envoya quérir sondict Chapelain pour l'ouïr en confession et
espérant que les douleurs s'appaïseroient par les remèdes que
l'on appliqueroit, il désiroit se confesser. Sur les deux heures
après minuict, son mal rengrégea si fort que luy-mesme com-
manda audict Chapelain d'aller prendre le précieux Corps de
Jésus-Christ « *afin qu'estant confessé* (dit le roi,) *je le puisse adorer
et recepvoir pour Viatique, car je juge que l'heure est venue que
Dieu veut faire sa volonté de moy* ; » qui fust cause que nous tous
présens, commençasmes à luy donner courage et de vouloir prendre la mort en patience, qu'il reconnust que Dieu luy pardonne-
roit ses péchés *pour le mérite de la Mort et Passion de Jésus-Christ,
son Fils* (2), ce qu'il confessa fort librement et fort assurément. Un
autre d'entre nous luy dist : « Monstrez-nous, Sire, à ce coup, que

---

(1) L'assassinat des Guise.

(2) Allusion à la *Compagnie des Confrères de la Mort et Passion de
Notre-Seigneur*, fondée par le roi quatre années auparavant et dont le gen-
tilhomme qui parle faisait vraisemblablement partie.

vous estes vray catholique et reconnaissez la puissance de Dieu et *montrez-nous que les actes de piété et de religion qui ont esté faicts par vous, vous les avez faicts franchement et sans contraicte parceque vous les avez toujours creü.* »

« — *Ouy*, dit-il, *je veux mourir en la religion Catholique, Apostolique et Romaine ! Ayez pitié de moy et me pardonnez mes péchés,* » disant *In manus* etc., et ce psalme *Miserere mei Deus*, etc., lequel il ne put tout achever, pour estre interrompu de l'un de nous qui lui dit :

« — Sire, puisque vous désirez que Dieu vous pardonne, il fault premièrement pardonner à vos ennemis. » — Sur quoy il respondit :

« — *Ouy, je leur pardonne de bien bon cœur.* »

« — Mais, Sire, luy fut-il dit, pardonnez-vous à ceux qui vous ont pourchassé votre blessure ? »

« — *Je leur pardonne aussi et prie Dieu leur vouloir pardonner leurs fautes comme je désire qu'il pardonne les miennes.* »

Du depuis, il fit approcher son Chapelain qui, à la vérité, lui trouva la parole fort foible et ne put faire la confession si longue qu'il l'eut bien désiré, lequel luy donna l'absolution et, ayant perdu la parole, après il rendit l'âme à Dieu faisant par deux fois le signe de la croix (1). » La race des Valois était éteinte et Henri IV était Roi de France.

(1) Ce que nous certifions et disons tout ce que dessus estre véritable et l'avens signé de nos mains.— Du camp de St-Cloud le 3ᵉ jour d'aoust en l'année 1589. *Ainsi signé* : Charles d'Orléans, Grand-Prieur de France ; Jean-Louis de La Valette, duc d'Espernon qui lat (*sic*) assisté jusques au dernier soupir et a ouy ce que dessus de ses oreilles ; Biron père, layant ouy et assuré par gens dhonneur ; Rogier de Bellegarde, Grand Escuyer de France, qui luy a entendu dire de sa propre bouche tout ce qui est porté cy-dessus ; François d'O, Gouverneur de Paris et lisle de France, qui lui ay assisté jusques à la fin, certifie luy avoir ouy dire tout ce que dessus ; De Chateauvieux, Premier Capitaine des Gardes du corps de Sa Majesté, qui luy ay assisté depuis qu'il a esté blessé jusques à ce qu'il a rendu lesprit, certifie lui avoir ouy dire ce que dessus ; Charles de Balsac, Capitaine des Gardes du corps de Sa Majesté, qui luy ay assisté depuis l'heure de sa blessure jusques à la fin, certifie luy avoir ouy dire ce que dessus ; Monsieur Lanou, Capitaine des Gardes du corps de Sa Majesté, certifie ce que dessus estre véritable ; Ruzé, premier secrétaire d'Estat de Sa Majesté certifie ce que dessus estre véritable ; Louis de Parades, Aumosnier du Roy ordinaire, certifie ce que dessus estre véritable ; *Etienne Bologne, Chapelain ordinaire du feu Roy en son cabinet, certifie ce que dessus estre véritable et lay confessé.* » Collationné à loriginal par moy Conᵉʳ notaire et secrétaire du Roy. » Signé : Beauclerc. (*Recueil manuscrit de diverses pièces servant à l'histoire d'Henry IIIᵐᵉ roi de France et de Pologne.*)

Les documents que les contemporains nous ont transmis sur les actes de piété et de mortification par lesquels Henri III crut pouvoir étouffer ses remords et désarmer la colère céleste, portent en eux un enseignement qui n'est pas sans prix. Ces témoignages, émanés d'auteurs appartenant aux partis les plus contraires, suggéreront aux esprits impartiaux des conclusions opposées à celles qu'ont formulées le scepticisme des huguenots et le fanatisme politique des ligueurs. Ils prouvent, en effet, que le prince qu'on peut si justement accuser de coupables faiblesses et de criminelles lâchetés a, du moins, compris la nécessité de l'expiation chrétienne.

Le contraste affligeant qu'on n'a que trop sujet de signaler entre les manifestations religieuses du roi et ses déplorables écarts de conduite, n'infirment en rien sa bonne foi : ils accusent à la vérité, une nature vicieuse, mais chez laquelle le vice n'a point étouffé la voix de la conscience.

L'histoire, en flétrissant les fautes de Henri III, doit donc équitablement lui tenir compte de sa pénitence et de son repentir.

Paris. — Imprimerie G. TÉQUI, 92 rue de Vaugirard 92,